I0817180

El magnetismo

Grace Hansen

Abdo Kids Jumbo es una subdivisión de Abdo Kids
abdobooks.com

abdobooks.com

Published by Abdo Kids, a division of ABDO, P.O. Box 398166, Minneapolis, Minnesota 55439.

Abdo Kids Jumbo™ is a trademark and logo of Abdo Kids.

102018

012019

Spanish Translator: Maria Puchol

Photo Credits: iStock, Shutterstock

Production Contributors: Teddy Borth, Jennie Forsberg, Grace Hansen

Design Contributors: Dorothy Toth, Laura Mitchell

Library of Congress Control Number: 2018909244

Publisher's Cataloging-in-Publication Data

Names: Hansen, Grace, author.

Title: El magnetismo / by Grace Hansen.

Other title: Magnetism

Description: Minneapolis, Minnesota : Abdo Kids, 2019 | Series: La ciencia básica | Includes online resources and index.

Identifiers: ISBN 9781532183904 (lib. bdg.) | ISBN 9781641857321 (pbk.) | ISBN 9781532184987 (ebook)

Subjects: LCSH: Magnetism--Juvenile literature. | Physics--Juvenile literature. | Magnets--Juvenile literature. | Spanish language materials--Juvenile literature.

Classification: DDC 538--dc23

Contenido

¿Qué es un imán?

Un imán es un objeto o material que tiene una **fuerza**. Esta fuerza tiene la propiedad de atraer ciertos materiales como, por ejemplo, el hierro.

La mayoría de los materiales no magnéticos tienen átomos con **electrones** emparejados. Los electrones se mueven en sentidos opuestos.

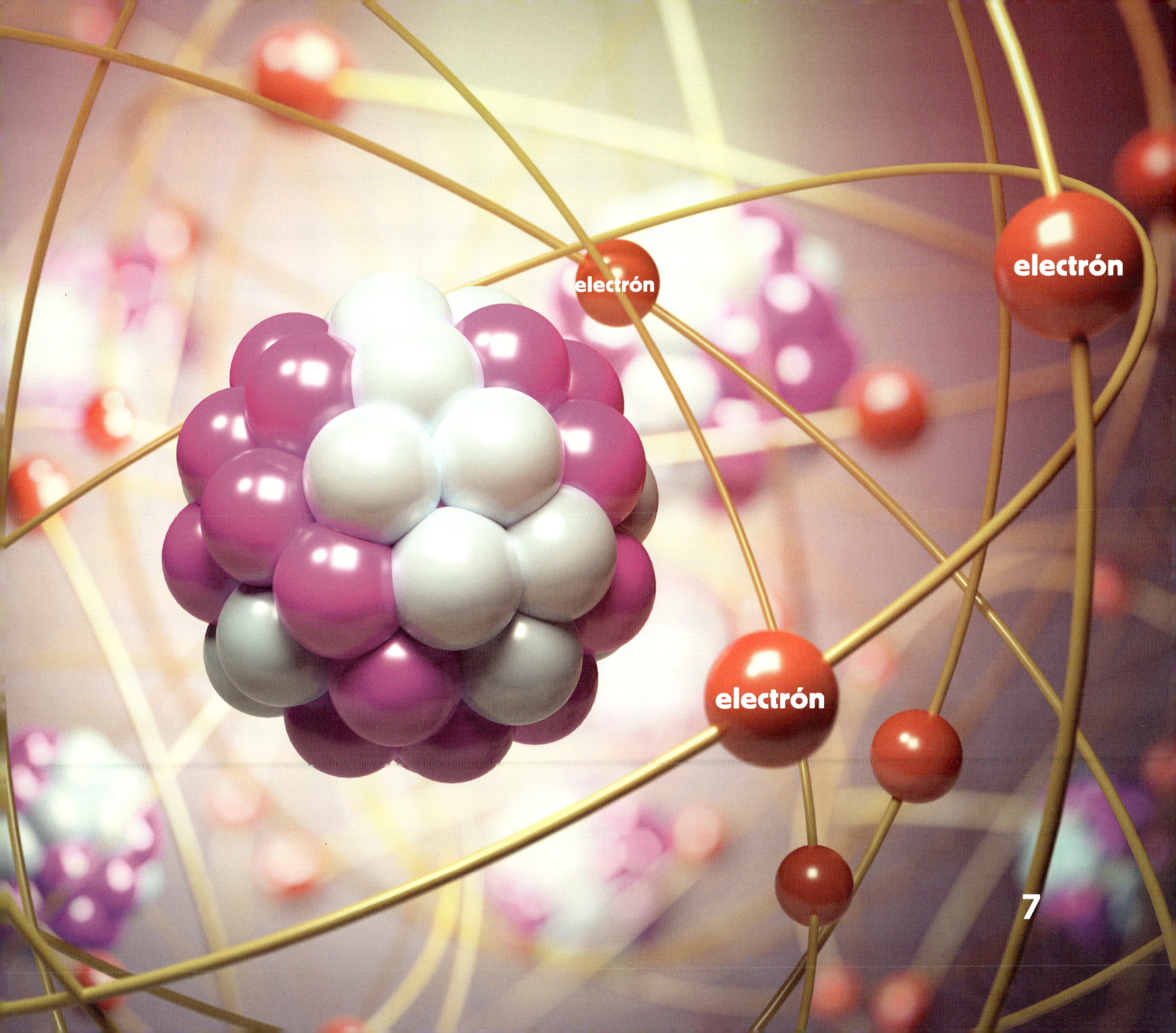
electrón
electrón
electrón

El hierro es con frecuencia magnético. Un átomo de hierro tiene cuatro **electrones** desparejados. Estos electrones giran en **paralelo** unos de otros.

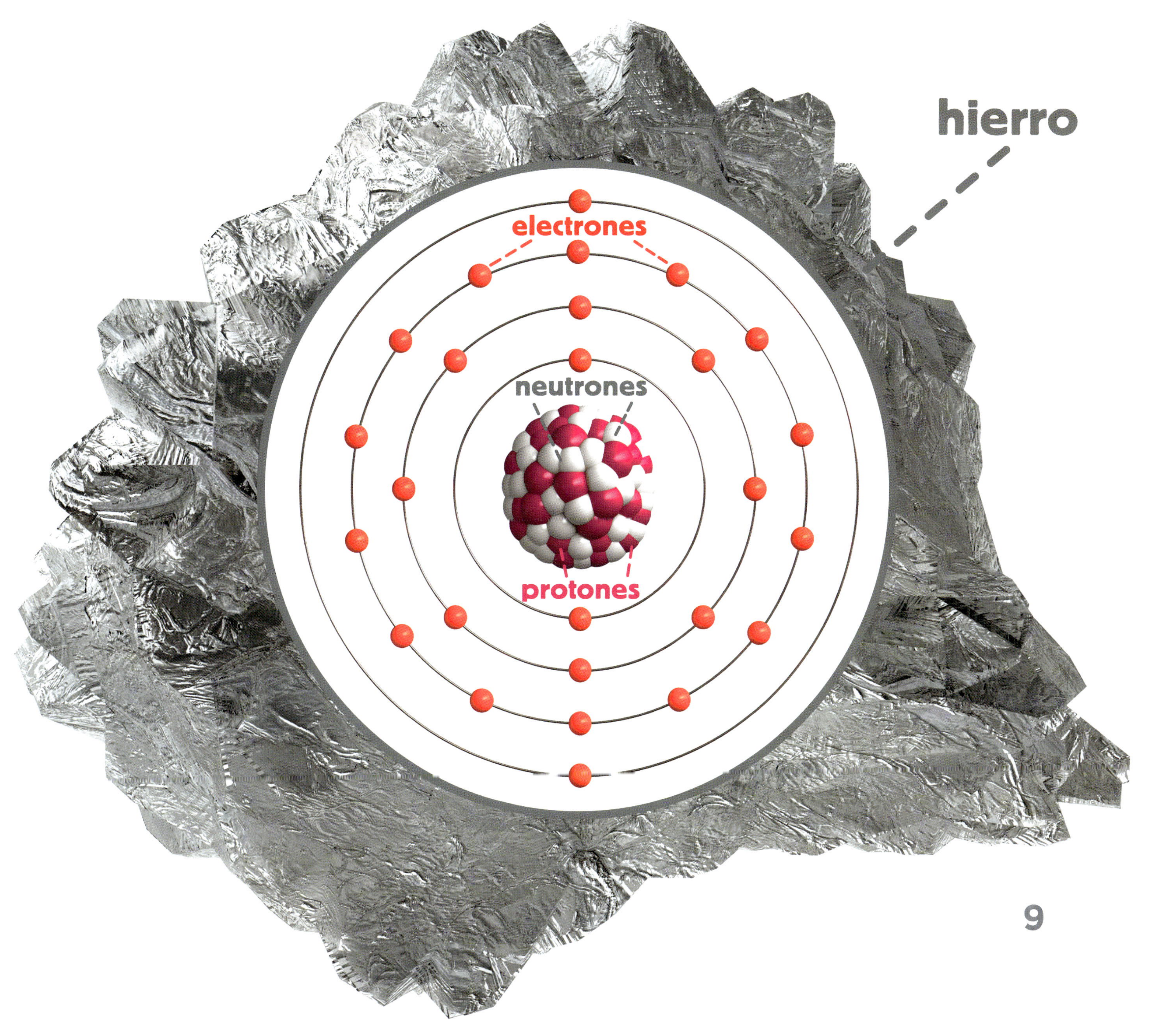
hierro
electrones
neutrones
protones

Los **electrones** son diminutas partículas de electricidad. El magnetismo se genera por el flujo de electricidad. El movimiento de los electrones dentro de un átomo genera un campo magnético.

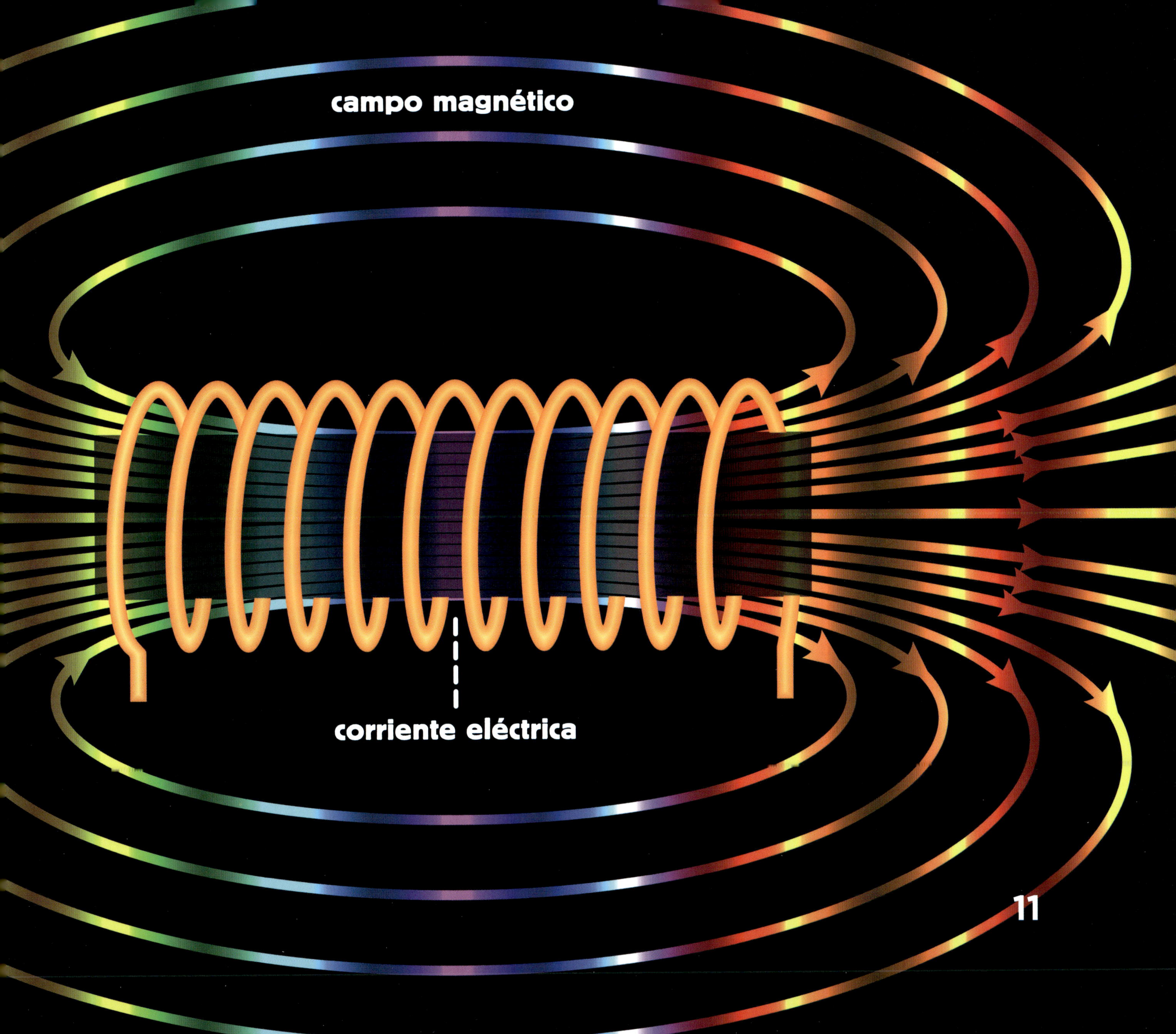
campo magnético
corriente eléctrica

Un imán tiene un campo magnético. No se puede ver pero podemos ver sus efectos.

El polo norte y el polo sur

Cualquier imán tiene un polo norte y un polo sur. Su campo magnético es mayor en los polos.

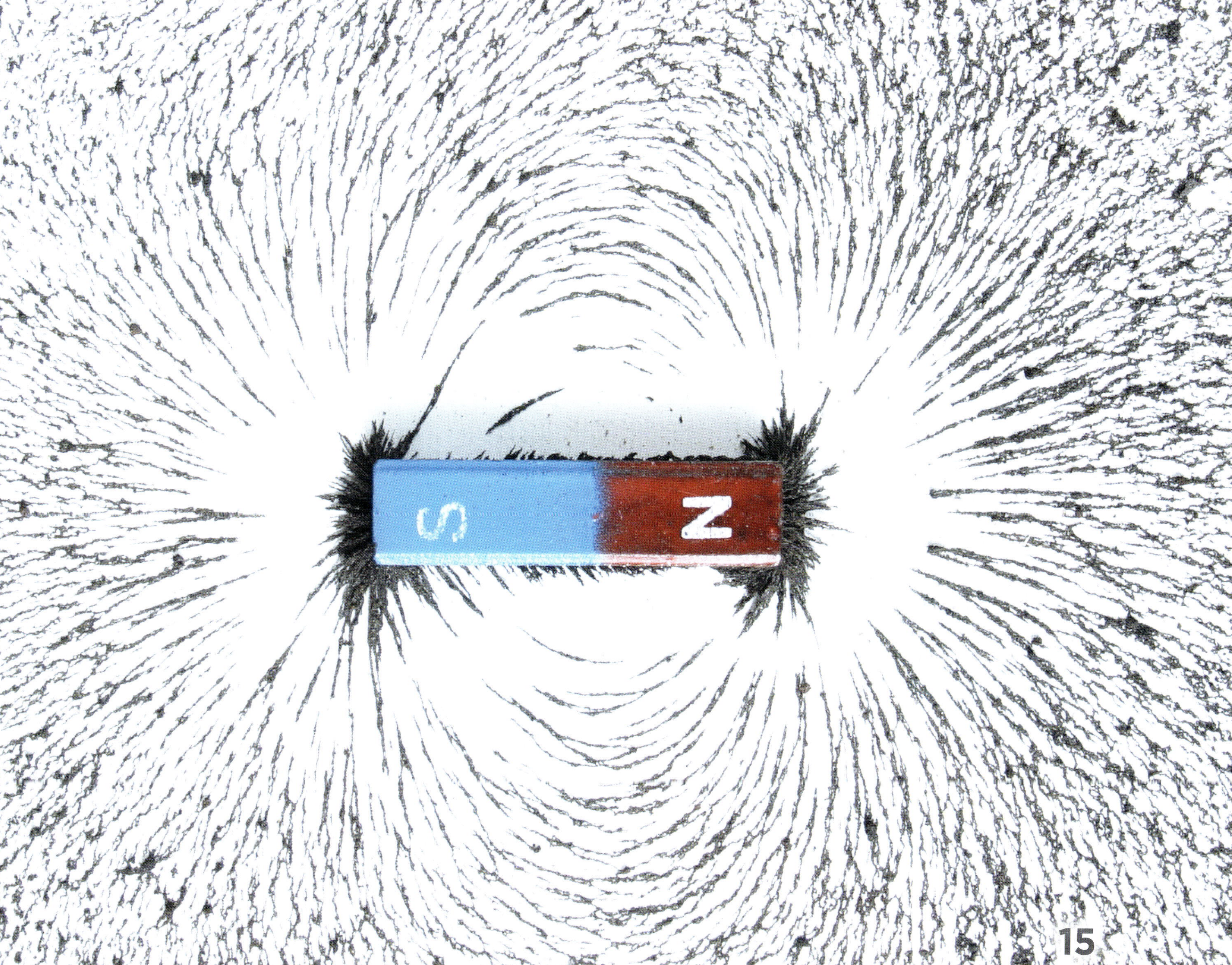
S
N

Cuando dos imanes se juntan, interactúan. El polo norte y el sur se atraen. Polos iguales se **repelen**.

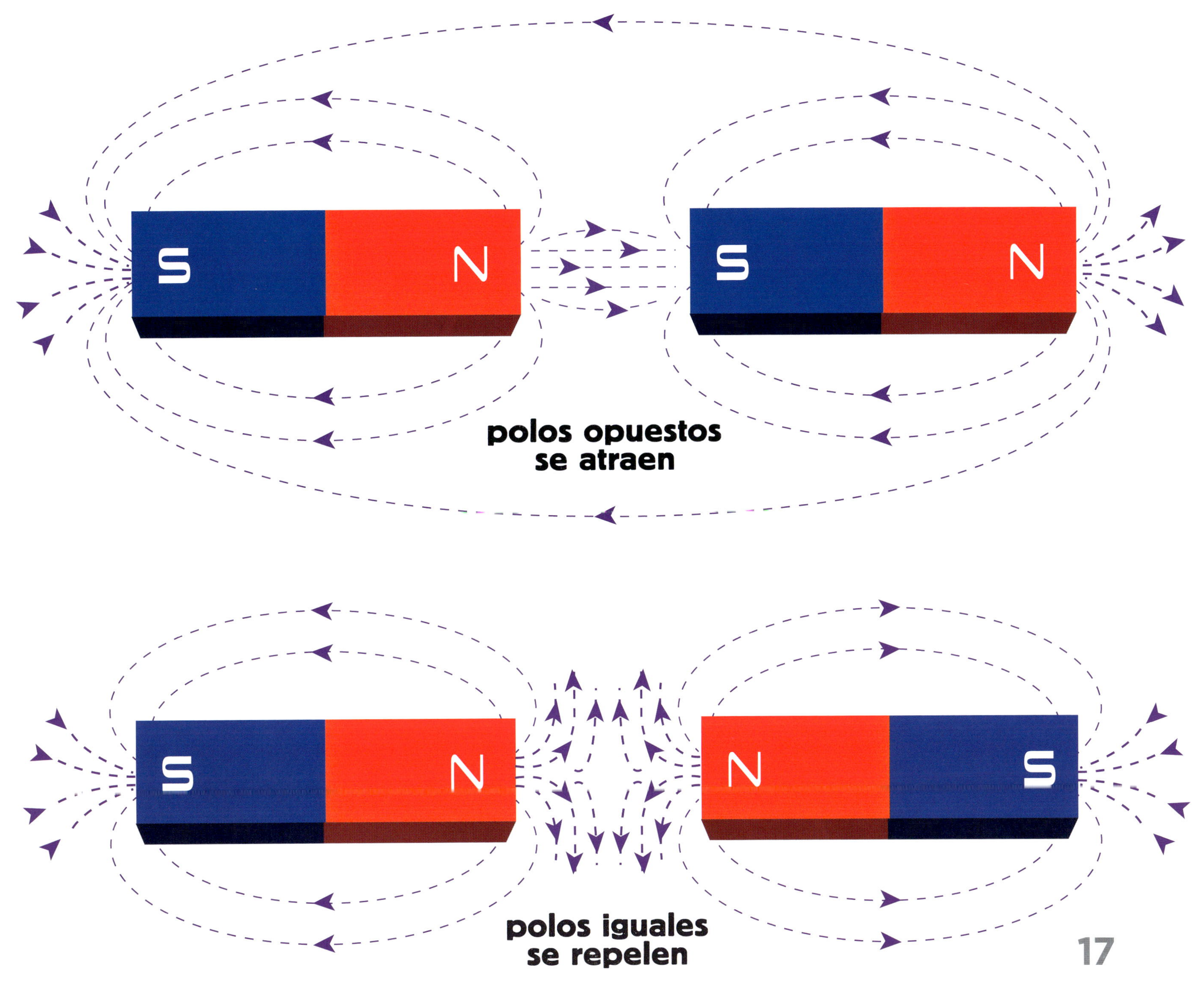
S
N
S
N
polos opuestos
se atraen
S
N
N
S
polos iguales
se repelen

Un imán gigante

La Tierra es un imán gigante. El interior de la Tierra está formada de **roca fundida** rica en materiales magnéticos.

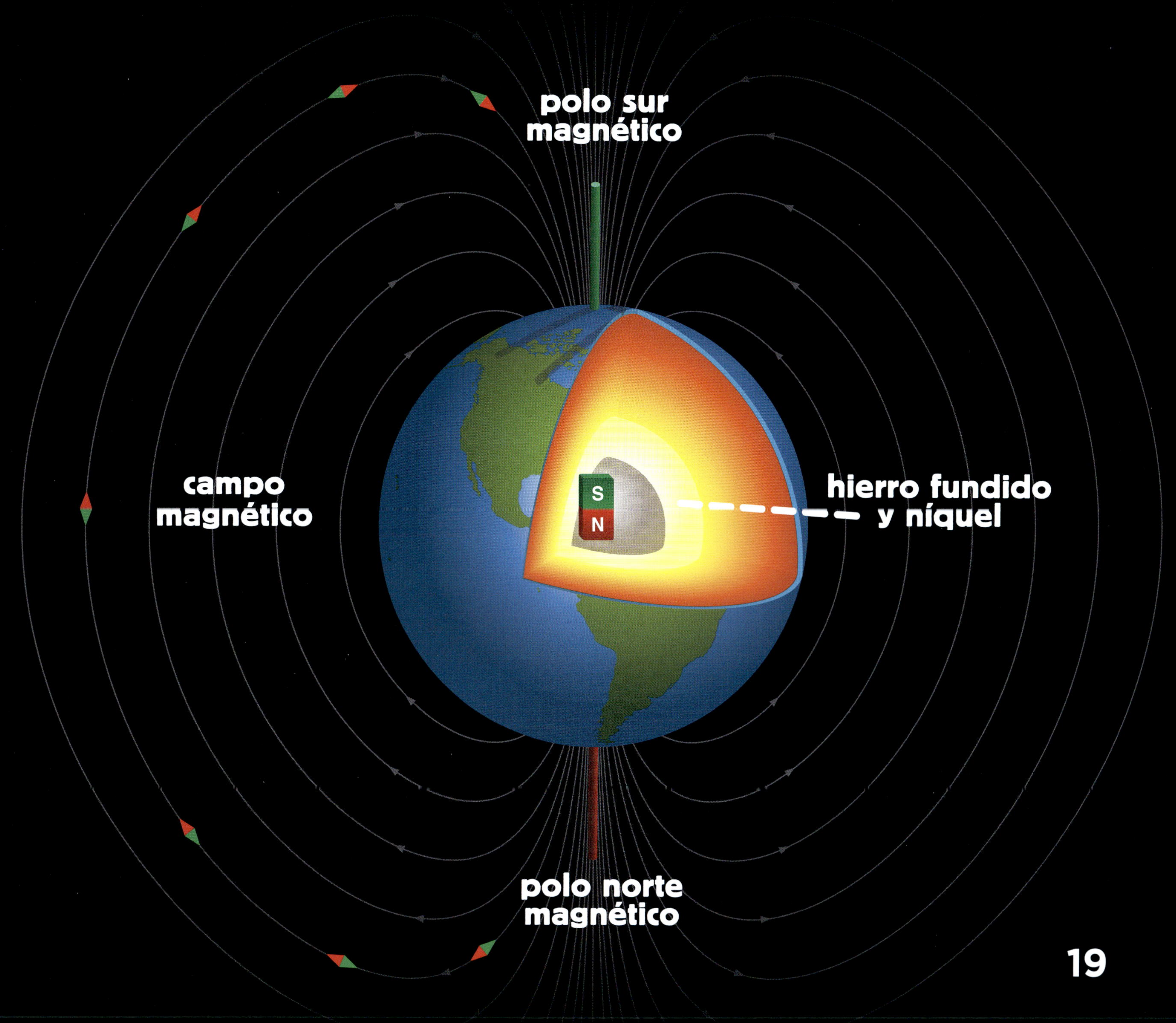
polo sur
magnético
campo
magnético
S
N
hierro fundido
y níquel
polo norte
magnético

¡Esto significa que la Tierra tiene un campo magnético! Alcanza hasta el espacio. ¡Nos protege de la mayoría de las **partículas cargadas** que el sol despide!

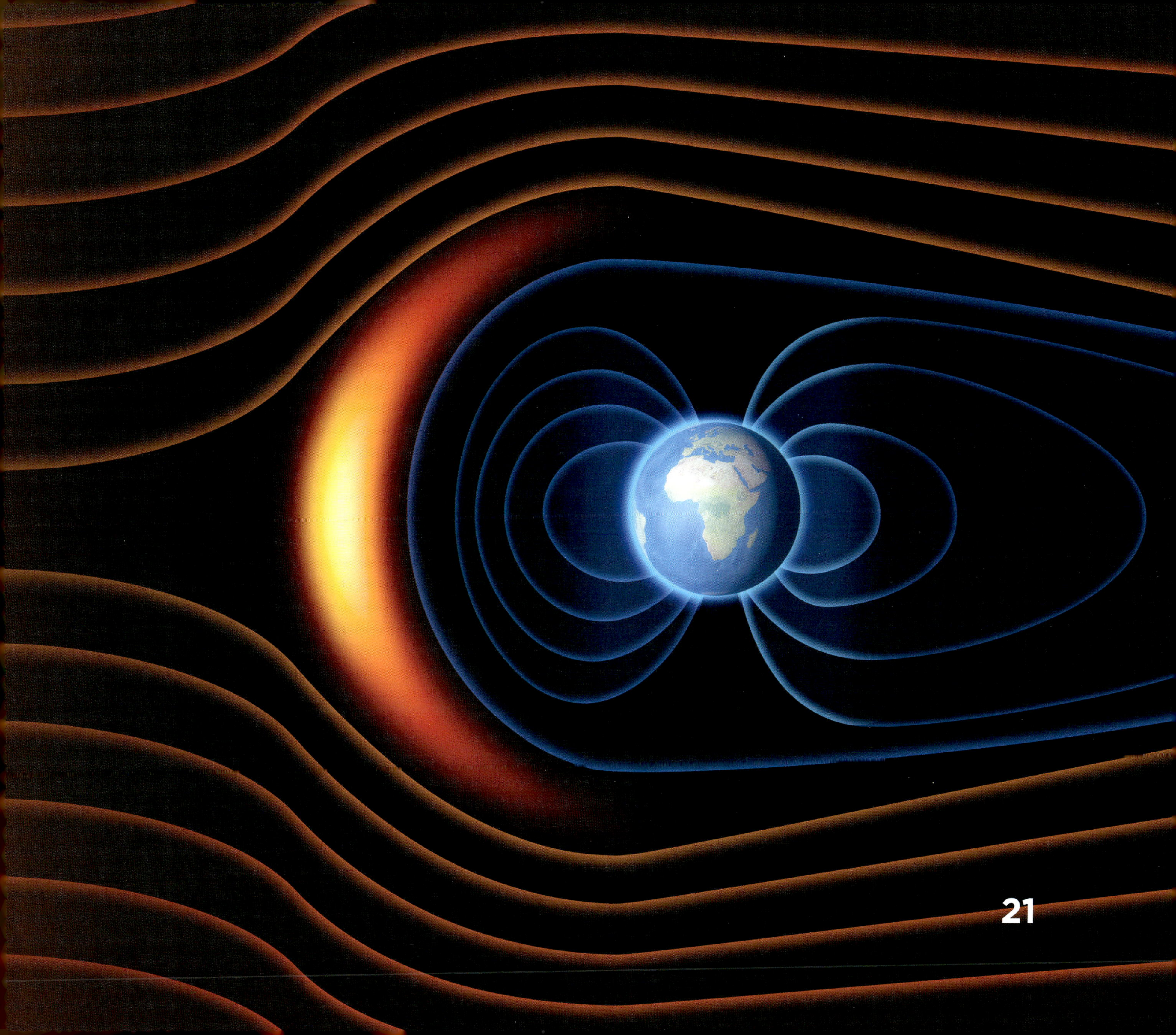

¡A repasar!

- El magnetismo es una **fuerza** invisible.
- Los imanes tienen un campo magnético que fluye desde su polo norte al sur.
- La mayoría de los objetos tienen **electrones** que giran en sentido opuesto. Los electrones de los imanes giran en el mismo sentido.
- La Tierra es un imán gigante. Tiene un polo sur y un polo norte. Hay material magnético en su núcleo.

Glosario

electrón – partícula muy pequeña que sale del núcleo de un átomo. Los electrones tienen una carga negativa.

fuerza – empuje o jale sobre un objeto cuando otro objeto actúa sobre él.

paralelo – que se mueve en la misma dirección, manteniendo la misma separación en cada punto, sin que nunca se crucen sus trayectorias.

partícula cargada – partícula con carga eléctrica.

repeler – rechazar.

roca fundida – roca que se ha derretido.

Índice

¡Visita nuestra página **abdokids.com** y usa este código para tener acceso a juegos, manualidades, videos y mucho más!